BEI GRIN MACHT SICH IHR WISSEN BEZAHLT

AF166494

- Wir veröffentlichen Ihre Hausarbeit,
  Bachelor- und Masterarbeit

- Ihr eigenes eBook und Buch -
  weltweit in allen wichtigen Shops

- Verdienen Sie an jedem Verkauf

Jetzt bei www.GRIN.com hochladen
und kostenlos publizieren

GRIN ☺

Gesundheitsbezogene Führung

Personale und strukturelle Führung, praktische Führungsdilemmata, transformationaler und transaktionaler Führungsstil

Valentin Rübensal

Bibliografische Information der Deutschen Nationalbibliothek:

Die Deutsche Nationalbibliothek verzeichnet diese Publikation in der Deutschen Nationalbibliografie; detaillierte bibliografische Daten sind im Internet über http://dnb.d-nb.de abrufbar.

ISBN: 9783346661296
Dieses Buch ist auch als E-Book erhältlich.

© GRIN Publishing GmbH
Nymphenburger Straße 86
80636 München

Alle Rechte vorbehalten

Druck und Bindung: Books on Demand GmbH, Norderstedt Germany
Gedruckt auf säurefreiem Papier aus verantwortungsvollen Quellen

Das vorliegende Werk wurde sorgfältig erarbeitet. Dennoch übernehmen Autoren und Verlag für die Richtigkeit von Angaben, Hinweisen, Links und Ratschlägen sowie eventuelle Druckfehler keine Haftung.

Das Buch bei GRIN: https://www.grin.com/document/1215779

Einsendeaufgabe

Modulprüfung zu Gesundheitsbezogene Führung – Alternative C: Führungsverhalten und Gesundheit

abgegeben am 26.01.2022 über den Online-Campus

Modul: Gesundheitsbezogene Führung (MGESFÜ)

Studiengang: Wirtschaftspsychologie, Leadership und Management M.Sc.

von

Valentin Rübensal

Studiengang: Wirtschaftspsychologie, Leadership & Management M.Sc.

Inhaltsverzeichnis

1. Aufgabe 1: Personale und Strukturelle Führung

Moderne Führung ist anspruchsvoller als je zuvor. Anforderungen steigen stetig und werden zudem komplexer.[1] Umso vielseitiger und unterschiedlicher sind allerdings auch die Führenden in den Unternehmen. Persönlichkeit, Charisma, Ausstrahlung und die individuellen Eigenschaften der Führungskraft stehen immer mehr im Zentrum nachhaltiger und erfolgreicher Personalauswahl und prägen daher auch den gelebten Führungsstil der jeweiligen Organisation.[2]

Angewandtes Führungsverhalten differenziert sich nicht allein durch die Methoden, sondern bereits in der Grundgesinnung und Orientierung des Führenden[3]. Im besten Fall spiegelt die Personalführung die im Unternehmen gewünschten und geltenden Werte wider, verhält sich entsprechend der informellen und formellen Normen und identifiziert sich mit der Vision des Konzerns. Auf kleinster Ebene – dem direkten Kontakt mit den geführten Mitarbeitern – bleiben der Führungskraft jedoch sehr viele Handlungs- und Entscheidungsspielräume für das im Alltag gezeigte Führungsverhalten.[4]

Die Forschung untersucht daher seit mehreren Jahrzehnten wirtschaftlich und menschlich erfolgreiche Führer und entwickelt immer wieder neue Konzepte, die neue, aber auch bestehende Führungskräfte übernehmen und in ihre Arbeit implementieren können.

Um nun allerdings auf diese Merkmale und Arten erfolgreicher Führung eingehen zu können, ist vorab zu definieren, was überhaupt unter dem Begriff der Führung verstanden werden kann. Grundsätzlich ist Führung jede Form der Einflussnahme auf Andere und somit die Gelegenheit, Interessen (der Person selbst oder der Organisation) auch gegen den Willen Anderer durchzusetzen. Dieser Machteinsatz kann direkt oder indirekt erfolgen und lässt sich bei jeder Interaktion zwischen dem Führenden und den Geführten beobachten.[5]

Ausgehend von der Annahme, dass ein Vorgesetzter immer Macht auf seine Mitarbeiter ausübt, können jedoch verschiedene Quellen von Macht und somit auch andere Formen der Einflussnahme unterschieden werden.

---

[1] Vgl. Lippe (2015), S. 14-16; Novotny/Sprenger (2016), S. 120-122
[2] Vgl. Höhn/Pinnow/Rosenberger (2017), S. 1-3; Furtner/Baldegger (2016), S. 16-17
[3] Zur Vereinfachung und zur besseren Lesbarkeit wird hier auf eine gendergerechte Ausdrucksweise verzichtet.
[4] Vgl. Höhn/Pinnow/Rosenberger (2017), S. 6-9 und 19-25; Furtner/Baldegger (2016), S. 230
[5] Vgl. Becker (2002), S. 359

Personale Macht auf der einen Seite zeichnet sich dadurch aus, dass der Führende im direkten Kontakt mit dem Geführten steht.[6] Ein überwiegend personaler Stil – also Führungsverhalten bei dem personale Macht ausgeübt wird – ist mitarbeiterorientiert, individuell und lebt durch die unmittelbare Einwirkung auf die Arbeitskraft.[7] Beschäftigte fühlen sich verstanden, bekommen direktes Lob und erleben Wertschätzung und Anerkennung in ihrer Tätigkeit. Probleme und Konflikte werden auf unkomplizierte, persönliche Weise geklärt und die zwischenmenschlichen Beziehungen profitieren von einem sehr engen Zusammenhang der Arbeitnehmer. Eine personale Führungskraft weist vor allem eine ausgeprägte Empathie und eine gute Menschenkenntnis sowie überdurchschnittliche Soft Skills auf. Den größten Nachteil hat rein personales Führungsverhalten in der Ganzheitlichkeit und dem Vernetzen verschiedener Probleme, Prozesse und Fachbereiche. Durch die individuelle Betrachtung der jeweiligen Mitarbeiter kommt es zu Differenzierungen, die wiederum zu Ungleichbehandlungen führen können. Im personalen Stil ist daher insbesondere auf eine einheitliche Vorgehensweise zu achten.

Demgegenüber steht die strukturelle Macht. Hierbei ist der Kontakt im Führungsverhältnis indirekt, mittelbar oder apersonal und wird eher durch Bedingungen und Strukturen deutlich.[8] Die Beschäftigten erleben hier vor allem gute Planbarkeit, Übersicht sowie reduzierte Verantwortung und Komplexität.[9] Ausgeprägt strukturelle Führungsweisen bieten die Möglichkeit, durch Regeln, Abläufe und Hierarchien ein System zu schaffen, in dem der Arbeitnehmer wenig Autonomie hat und somit weniger Fehler geschehen. Allerdings besteht gleichzeitig auch die Gefahr einer Unterforderung beziehungsweise einer psychologischen Unterdrückung. Zudem sind Erfolge und ein verwertbares Feedback schwerer messbar als im direkten persönlichen Kontakt. Anpassungen oder Optimierungen können daher erst mittelbar durchgeführt werden und zeigen erst verzögert ihre Wirkung. Ein struktureller Vorgesetzter überzeugt durch Weitsicht, gute Übersicht und Kontrolle, kann gut mit Zahlen und Fakten umgehen und weiß, wie er darauf zu reagieren hat.

Die beiden hier sehr plakativ dargestellten Führungsweisen lassen eine Unterteilung von Führungsverhalten zu, können aber in der Praxis selten so klar gemessen werden. Wie zu Beginn des Kapitels erläutert, ist jede Führungskraft einzigartig und agiert unter anderem anhand persönlicher und organisationaler Werte und Gedankenkonstrukte, die von außen nicht sichtbar und oft unbewusst verankert sind. Eine erfolgreiche Führung

---

[6] Vgl. Becker (2002), S. 343
[7] Vgl. Weibler (2001), S. 117
[8] Vgl. Becker (2002), S. 343
[9] Vgl. Neuberger (2002), S. 39-40

im Sinne einer wirtschaftlichen und menschlichen Betrachtung braucht beide Aspekte, sodass die beiden Machtarten sich in gewisser Weise gegenseitig bedingen.

An dieser ist auszuführen, was Erfolg für eine Führungskraft bedeutet. Der Begriff des Erfolges oder Misserfolges ist zutiefst subjektiv zu bewerten und kann nicht immer nachverfolgt oder belegt werden. In erster Linie zählt im betrieblichen Kontext natürlich der Unternehmenserfolg, welcher sich anhand von Umsatz- und Effizienzfaktoren ablesen lässt. Jedoch beeinflussen den Bestand und die Wettbewerbsfähigkeit einer Firma auch viele kleinere, unscheinbarere Eigenschaften, wie etwa die Personalbindung, die Arbeitgeberattraktivität, die psychologische Motivation der Belegschaft sowie die Konformität und Identifikation im und mit dem Unternehmen. Wenn also eine Führungskraft erfolgreich sein soll, muss sie sowohl persönliche als auch strukturelle Aspekte abdecken und möglichst viele Bedürfnisse der Beteiligten befriedigen. Dabei sind Interessen der Geschäftsführung und der Organisation an sich ebenso zu berücksichtigen, wie die personenbedingter der Führungskraft selbst und die der Mitarbeiter.[10]

Alles in allem lässt sich sagen, dass eine erfolgreiche Führungskraft die Vorteile und Eigenschaften struktureller und personaler Machtanwendung kennen und nutzen sollte. Auch wenn betriebliche Machtverhältnisse oder die Auswirkungen der Ausübung im Führungsverhältnis nicht immer messbar oder klar sichtbar sind, so hilft die in diesem Kapitel getroffene Abgrenzung dabei, Führungsverhalten besser nachzuvollziehen und somit Merkmale und Aspekte erfolgreicher Führung abzuleiten, um daraus konkrete Empfehlungen für die Praxis abzuleiten.

Was sich hierfür in der Praxis wesentlich leichter untersuchen und messen lässt als die Machtarten, sind die angewandten Führungsinstrumente. Jeder Vorgesetzte wendet Methoden an, trifft Entscheidungen und steuert Systeme und Prozesse. Diese menschenbezogene Komponente unterscheidet sie von den Fachkräften und eher aufgabenorientierten Mitarbeitern. Die gezeigte Führungsinstrumente lassen sich dann wiederum den beiden obigen Machtquellen zuordnen, woraus sich dann eine Tendenz im Führungsstil ableitet.

Personale Instrumente sind alle Maßnahmen, die im persönlichen Kontakt mit den Beschäftigten vorgenommen werden. Allen voran ist hier das Mitarbeitergespräch zu nennen, da dieses die unmittelbarste Interaktion zwischen dem Führenden und den Geführten darstellt.[11] Solche Gespräche bilden die Informationsgrundlage für die

---

[10] Vgl. Lippe (2015), S. 6-7
[11] Vgl. Becker (2002), S. 362-364

meisten personellen Entscheidungen und deuten daher auf den Kern personaler Macht.[12] Bewertungen beziehungsweise betriebliche Beurteilungen werden ebenso aufgrund dieser Interaktionen festgesetzt wie die Planung fachlicher und persönlicher Entwicklungen durch Fort- und Weiterbildungen.

Grundsätzlich gibt es viele verschiedene Arten eines Mitarbeitergesprächs, die entsprechend ihrem Zweck von der Führungskraft eingesetzt werden können. Klassischerweise werden in den meisten Organisationen regelmäßig Zielsetzungs-, Beurteilungs-, Förderungs- oder Entwicklungsgespräche sowie Führungsdialoge und Interventionen (z. B. zur Problem- und Konfliktlösung) durchgeführt. Gemein haben diese Interaktionen zwischen dem Führenden und dem Mitarbeiter, dass sie innerbetriebliche Verhältnisse festigen oder klären und einen Regelungscharakter haben. Letztgenanntes wird durch verbindliche Vereinbarungen (wie etwa einer Zielvereinbarung oder der Planung von Weiterbildungsmaßnahmen) erzeugt und zeichnet aus, wie effektiv ein Mitarbeitergespräch geführt wurde.[13]

Entscheidend für die Wirkung der Vereinbarung ist außerdem der Handlungs- und Entscheidungsspielraum des Geführten beim Dialog. Idealerweise wird der Beschäftigte in alle Überlegungen und Festsetzungen mit eingebunden und hat fortwährend die Möglichkeit, auf den Prozess einzuwirken. Durch diesen Kontakt zum Mitarbeiter wird nicht nur die Effektivität des Gesprächs sichergestellt, sondern auch die Gesundheit beider Seiten gefördert, weil die Interaktion auf Augenhöhe verläuft und beide Seiten ausreichend respektiert und anerkannt werden können.[14]

Bei Mitarbeitergesprächen spielen außerdem folgende Faktoren eine Rolle:[15]

- Die Persönlichkeit des Vorgesetzten und der Arbeitskraft sowie aller anderen Beteiligten an der Sache: Jeder Arbeitnehmer ist individuelle, verfolgt eigene Wünsche und Ziele, hat andere Probleme und identifiziert sich auf eine unterschiedliche Weise beziehungsweise zu einem anderen Grad mit der Organisation. Diese subjektiven Eigenschaften der Person wirken sich in der Kommunikation aus, insbesondere weil es bei Führung und jeglicher menschlichen Kommunikation ein Zusammenspeil zwischen der Sach- und der Beziehungsebene gibt.[16]

---

[12] Vgl. Becker (2002), S. 362-363
[13] Vgl. Becker (2002), S. 364
[14] Vgl. Höhn/Pinnow/Rosenberg (2017), S. 35-39
[15] Vgl. Becker (2002), S. 362-365
[16] Vgl. Gurt (2013), S. 6-7

- Das Verhalten der involvierten Personen: Die gerade erwähnten, oft unsichtbarer oder mindestens unterbewussten Faktoren kommen zur Geltung, wenn die Beteiligten in Kontakt treten. Dabei reagiert zudem immer jeweils ein Gegenüber auf das Handeln des Anderen.
- Leistung und Funktion der Beteiligten: Alle Teilnehmer des Gesprächs nehmen eine bestimmte Rolle ein – im Unternehmen ebenso wie im Dialog selbst. Dabei kann es zwischen den intrapersonalen Konflikten einer Person mit den eigenen Werten und Erwartungen auch zu interpersonalen Problemen kommen.

Neben dem Mitarbeitergespräch als das zentralste personale Führungsinstrument ist vor allem das jeweils gewählte interne Anreizsystem zu beleuchten. Durch Belohnungen bei bestimmten Leistungen sollen konkrete Verhaltensweise der Belegschaft gezielt gefördert werden, weil diese von der Organisation gewünscht sind. Im Optimalfall erweckt der gesetzte Anreiz ein intrinsisches Handlungsmotiv beim Arbeitnehmer, sodass dieser von innen heraus motiviert handelt, erwünschtes Verhalten aktiviert und gesteuert wird. Darüber hinaus dient das System auch zur transparenten und direkten Information der Beschäftigten, weil das Ziel und die Richtung des Unternehmens sowie dessen Einstellung deutlich werden. Erwartete Anforderungen sind sichtbar dokumentiert und gefeierte Erfolge sorgen für eine positive Bestärkung des Mitarbeiters und der Umstehenden. Auf diese Weise kann die Produktivität nachhaltig gesteigert werden.[17]

Anreize werden in aller Regel direkt von der Führungskraft an die Mitarbeiter vergeben und sind daher überwiegend personale Instrumente. Das System an sich ist allerdings strukturell, da es vorher festgelegt wurde und damit indirekt auf die Mitarbeiter wirkt.[18] Weitere strukturelle Führungsinstrumente sind insbesondere die geltenden Objektivierungen – also informelle und formelle Normen, anhand derer sich Beschäftigte orientieren können und sollen. Diese internen Regeln werden durch Leitbilder oder Verhaltenskodexe offengelegt, ergeben sich aber auch aus dem Konsens des Verhaltens im Betrieb, und sind essentiell, um das Verhalten im Konzern zu steuern. Sie ermöglichen, dass die Komplexität verringert wird, weil Führungskräfte wie auch die Unternehmensspitze nicht alles überwachen müssen und ein einheitlicheres Handlungsbild bei den Mitarbeitern entsteht. Dadurch erlebt der Betrieb eine schnellere und professionellere Produktion.[19]

---

[17] Vgl. Weibler (2001), S. 374
[18] Vgl. Becker (2002), S. 16-18
[19] Vgl. Neuberger (2002), S. 39-43

Darüber hinaus ist strukturelle Führung in hohem Maß abhängig von dem jeweiligen Medium, also dem Kommunikations- oder Einwirkungskanal, den die Führungskraft nutzt, um Veränderungen im Betrieb herbeizuführen. Hierzu zählen vor allem technisch vordefinierte Arbeitsprozesse, bürokratische Formeln und Abläufe, differenzierte hierarchische Unterscheidungen von Personen und Aufgaben (z. B. in einem Organigramm oder in Arbeitsflussdiagrammen) sowie kultur- und wertbezogene Regeln. Sie bilden die Grundlage struktureller Führung und sind vom Führenden eindeutig und sorgfältig zu steuern.[20] Durch das für Zeitpunkt und Anlass korrekt gewählte Führungsmedium ist eines der gezieltesten strukturellen Führungsinstrumente, weil Abläufe geregelt werden und dadurch ein autonomes System entstehen kann, in welchem Mitarbeiter automatisch so handeln, wie es vom Unternehmen erwünscht ist.

---

[20] Vgl. Weibler (2001), S. 118

2. Aufgabe 2: Praktische Führungsdilemmata

Die zentrale Aufgabe einer Führungskraft ist es, Entscheidungen zu treffen, Verantwortung zu übernehmen und Mitarbeiter sowie Aufgaben zu koordinieren – kurzum: dafür zu sorgen, dass der Wertschöpfungsprozess ohne Konflikte laufen kann.[21] Bei dieser Arbeit stößt man jedoch oft an einen Punkt, an dem zwischen zwei Möglichkeiten abgewogen und entschieden werden muss. Die Herausforderung als Entscheider liegt nun darin, die Handlungsmöglichkeiten zu erkennen und eine Gewichtung vorzunehmen beziehungsweise Prioritäten zu setzen – und das oft unter Zeitdruck oder ins Ungewisse hinein. Genau an dieser Stelle unterscheidet sich, ob eine Führungskraft erfolgreich ist oder nicht.

Denn was den Erfolg auszeichnet, ist das konsequente und langfristig verfolgbare Verhalten anhand konkreter Werte, Ideale, Normen und Vorstellungen zur Erreichung persönlicher und organisationaler Ziele.[22] Schwierig wird es jedoch, wenn beide Handlungsalternativen im Interesse des Entscheiders liegen oder sich gegenseitig ausschließen. In diesem Fall steht der Vorgesetzte vor einem sogenannten Dilemma.

Laut der Literatur ist ein Dilemma eine mit Handlungszwang belegte und bindende Entscheidungssituation zwischen mindestens zwei Alternativen, welche sich durch die Wahl endgültig und definitiv auflöst.[23] Die Gestaltung dieses Szenarios zeigt, dass es keinen reibungslosen Ausweg geben kann und die Entscheidung somit immer Vor- und Nachteile mit sich bringt.[24] Wie bereits erwähnt ist es zudem möglich, dass zum Zeitpunkt der Entscheidungsfindung nicht alle Konsequenzen oder Einflussfaktoren offen liegen und die Führungskraft somit ins Ungewisse hinein, sozusagen nach Bauchgefühl oder eben nach gesammelter Erfahrung, entscheidet.

Wichtig ist darauf zu achten, was der Entscheider überhaupt selbst beeinflussen kann. Denn in jeder Wahlsituation gibt es feste Faktoren, die sich nicht verändern lassen. In erster Linie spielen dabei vor allem Umweltfaktoren oder das Verhalten dritter Personen eine Rolle, da diese schlecht voraussehbar und noch weniger beeinflussbar sind. Was der Entscheider jedoch beeinflussen kann sind die folgenden vier Aspekte, welche bei jeder Wahl berücksichtigt werden können:[25]

---

[21] Vgl. Lippe (2015), S. 46-51
[22] Vgl. Heyna/Fittkau (2021), S. 7
[23] Vgl. Neuberger (2002), S. 337
[24] Vgl. Becker (2002), S. 152-153
[25] Vgl. Weibler (2001), S. 31-

- Die Motivation legt fest, ob der Entscheider sich überhaupt festlegen möchte, wie entschlossen er ist und inwieweit er seine Entscheidungsfähigkeit auch zeigen und somit selbstwirksam handeln kann.

- Die Fähigkeit beschreibt zuerst grundlegend, ob die Führungskraft sich der Entscheidungssituation überhaupt bewusst ist, da eine Entscheidung sonst in keiner Weise möglich ist. Darüber hinaus zeigt die Entscheidungsfähigkeit, ob die Person tatsächlich eine Entscheidung herbeiführen kann.

- Das (soziale) Dürfen liegt vor, wenn der Vorgesetzte keine ethischen oder moralischen Bedenken bei seiner Wahl hat. Auf dieser Ebene spielt es auch eine Rolle, ob der Entscheider die hierarchische und delegative Befugnis hat, diese Entscheidung zu treffen, ob er den Rückhalt für etwaige Konsequenzen hat und welche Auswirkungen die Wahl auf die Zukunft hat.

- Zuletzt spielt noch die situative Möglichkeit eine Rolle. Unter diesen Punkt fallen eben diese Punkte, die wie oben beschrieben, nicht im Machtbereich des Entscheiders oder im tatsächlichen Umfang der Entscheidungssituation selbst liegen. Geht es beispielsweise um eine betriebliche Entscheidung, für die über ein internes Netzwerk Befehle gegeben werden müssen, kann der Entscheider dies rein situativ nicht in seiner Freizeit oder an einem anderen Ort tun.

All diese Punkte zeigen, dass eine Entscheidung schnell unmöglich oder zumindest erschwert werden kann. Ferner dessen beeinflusst jede Wahl auch bestimmte Konsequenzen, die sich je nach Tragweite der Entscheidung auf einen oder mehrere Mitarbeiter, das Unternehmen oder auch auf die Führungskraft selbst auswirken können. Unweigerlich führen daher bestimmte Entscheidungssituationen zu den oben erklärten Dilemmata.

Unter Rückgriff auf die Ausführungen zur personalen und strukturellen Macht in Kapitel 1. lassen sich folgende Dilemmata in der Praxis identifizieren.

Schon bei der Analyse eines Führungsstils wird deutlich, dass dieser eher menschenorientiert oder eben auf die möglichst effiziente Erledigung der Aufgaben ausgerichtet sein kann. Es zeigt sich, dass eine vollständige Festlegung auf einen der Faktoren rein zeittechnisch schwierig ist. Der Führende muss sich entscheiden, ob er eher auf die individuellen Bedürfnisse und Wünsche der Person eingeht, oder auf die Erbringung der Arbeitsleistung beharrt. Die zweitgenannte Option mag vielversprechender erscheinen, weil sie direkt zu dem gewünschten Ergebnis führt. Allerdings kann die Entscheidung mittel- oder langfristig direkte oder sekundäre Konsequenzen mit sich bringen, durch welche sich die andere Alternative im Nachhinein als sinnvoller ergibt.

Dies wird unter anderem deutlich, wenn ein Mitarbeiter den Vorgesetzten um Rat zu seiner Gesundheit bittet. Der Beschäftigte fühlt sich nicht gut, meint aber er kann weiterarbeiten, um ein aktuelles Projekt voranzutreiben. Gesundheitsorientierte Führungskräfte würden hier den kurzfristigen Projektfortschritt unter dem Wohlergehen des Mitarbeiters einordnen und ihn zur Erholung nach Hause schicken. Ein stark aufgabenbezogener Führer würde dem Mitarbeiter doch unter Umständen raten, sich kurz eine Pause zu nehmen und dann weiterzuarbeiten, um die Projektleistung zu steigern. In beiden Fällen lässt sich im Voraus nicht deuten, welche Option die bessere ist. Es ist möglich, dass der Beschäftigte im ersten Fall nach Hause geht und wenig später wieder fit und arbeitsfähig ist. Auf der anderen Seite kann es sich bei dem beeinträchtigten Gesundheitszustand auch um eine ernstere Krankheit handeln, welche durch die bestehende Belastung der Arbeit verschlimmert würde. Der Führende muss hier aufgrund seiner Erfahrung und Intuition entscheiden.

Ein weiteres Beispiel für dieses Dilemma ist die Einführung einer neuen Produktivsoftware, welche wesentlich komplexer und arbeitsintensiver ist als die bisherige, aber dafür weitergehende Funktionen bietet und dadurch eine schnellere oder effizientere Bearbeitung zulässt. Solche Veränderungen stoßen bei Vielen in der Belegschaft auf Widerstand und auch wenn die Führungskraft selbst oft keinen Einfluss auf so eine Umstellung hat, so liegt es doch an ihr, es den Mitarbeitern zu vermittelt. Gesetzt dem Fall, dass der Vorgesetzte an einer Informationsveranstaltung teilnimmt, welche ein eben solches System vorstellt und ihm nun als Entscheider die Gelegenheit gibt, zu- oder abzusagen, befindet der Führende sich in dem obenstehenden Dilemma. Eine potenziell quantitativ und qualitativ hochwertigere Bearbeitung der Aufgaben steht hier gegen die Schonung der Mitarbeiter vor der tiefgreifenden Veränderung. Solange das bestehende System funktioniert, könnte eine Umstellung zu einer Verschlechterung der Wertschöpfung führen und zudem den Unmut der Anwender wecken. Andrerseits würde die Ablehnung der Innovation einer zukunfts- und entwicklungsorientierten Unternehmensausrichtung entgegenstehen. Ob der Umstieg die erhoffte Produktivitätssteigerung bringt und ob die Veränderung von den Mitarbeitern überhaupt abgelehnt wird, lässt sich von Vornherein nicht sagen.

Zuletzt veranschaulichen auch personelle Umstrukturierungen das Dilemma zwischen Mitarbeiter- und Aufgabenorientierung. Unabhängig davon, ob ein Abbau des Personals in bestimmten Abteilungen von der Unternehmensspitze vorgegeben ist oder sich aus der wirtschaftlichen Lage als rational ergibt, liegt die endgültige Entscheidung, wer gehen muss, oft am direkten Vorgesetzten der Betroffenen. Hier hat der Führende neben den wirschaftlichen und den Erfolg des Konzerns betreffenden Faktoren auch individuelle, menschliche Bedürfnisse zu berücksichtigen. Mit Kündigungen oder anderen personalpolitischen Maßnahmen greift die Führungskraft unmittelbar und teils gravierend in die Lebens- und Arbeitsgestaltung des Betroffenen ein. Und wenn im Raum steht, dass Personal entlassen oder versetzt werden muss, beziehen viele Beschäftigte diese Entscheidung auf ihre persönlichen Fähigkeiten und Merkmale, obwohl dies nur selten der Fall ist. Die "richtige" Entscheidung lässt sich hierbei genauso wenig absehen wie bei den beiden vorherigen Dilemmata.

Der Unterschied von personaler und struktureller Führungsmacht wird auch an dem Grad der Mitarbeitereinbeziehung deutlich. Jede Führungskraft steht fortwährend vor der Frage, ob die Beschäftigten mitwirken oder die Entscheidung über deren Meinungen hinweg selbstständig getroffen werden sollte.[26] Die Wahl zwischen Partizipation und Autokratie beeinflusst nicht nur den Führungsstil, sondern unter anderem auch das Betriebsklima, das entgegengebrachte Vertrauen, die getragene Verantwortung jedes Einzelnen und die Motivation der Arbeitnehmer.[27] Es ist demnach auch hier mit größter Sorgfalt zu wählen.

Die Differenz der beiden Wahlmöglichkeiten wird anhand des Beispiels von (Ziel-)Vereinbarungen sichtbar. Der Führende hat die Option, im Austausch mit den Mitarbeitern Meilensteine oder gewünschtes Verhalten festzulegen oder diese vorzugeben. Dabei sei gesagt, dass auch bei einseitiger Vorgabe von Zielen eine Mitwirkung, beispielsweise durch konkretes Feedback, möglich ist. Fraglich ist nur, ob der jeweilige Mitarbeiter auf die endgültige Entscheidung einwirken kann oder nicht.

Bei vielen Organisationen werden Abläufe Regeln, wie etwa zum Ausmaß der Mitarbeitermitwirkung, zentral aufgestellt. In diesem Fall steckt die Führungskraft in der Rolle eines Kommunikators, der lediglich Informationen weitergibt und Entscheidungen mitträgt. Doch diese Rolle kann in anderen Situationen auch aktiv eingenommen werden. Steht zum Beispiel eine neue Anschaffung an, bei der zwischen verschiedenen Alternativen gewählt werden muss, kann der Führende diese Entscheidung vorwegnehmen und den Beschäftigten das Ergebnis mitteilen. Auf der anderen Seite liegt ihm hier die Gelegenheit offen, den Mitarbeitern ein Mitsprache- und Entscheidungsrecht einzuräumen. Die Entscheidung, welche Alternative beschafft werden soll, wird dann in der Gruppe getroffen und beispielsweise über eine Abstimmung besiegelt. Der springende Punkt ist hierbei, dass bei der zweiten Option der Gruppendynamik eine hohe Bedeutung zukommt. Ist eine Führungskraft in Themen wie Mediation und Moderation wenig geschult, kann es von Vorteil sein, einfachere

---

[26] Vgl. Novotny/Sprenger (2016), S. 41-51
[27] Vgl. Novotny/Sprenger (2016), S. 52-55; Lippe (2015), S. 192-206, 227-241 und 258-271

Entscheidung vorwegzunehmen. Dies spart zudem Zeit und ermöglicht eine eher den Wünschen des Unternehmens entsprechende Wahl. Andrerseits gibt die Einbindung der Belegschaft das Gefühl von Selbstwirksamkeit und kann die Zufriedenheit bei der Arbeit fördern.

Diese beiden Wahlseiten offenbaren sich auch bei Entscheidungen zu bestimmten Arbeitsabläufen und Delegationen. Die Führungskraft legt in den meisten Fällen fest, wie der Wertschöpfungsprozess abläuft, wer für was zuständig ist und wie die Kommunikation zwischen den Produktionsstellen erfolgt.[28] Doch auch bei so tiefgreifenden Entscheidungen birgt die Mitwirkung der Mitarbeiter großes Potenzial. Mitarbeiter, die selbst am Prozess beteiligt sind und die Arbeitsschritte durchführen, können oft hilfreiche Tipps geben, den Ablauf zu optimieren.[29] Entgegen dazu könnten die Beschäftigten ein Recht zu Mitsprache jedoch auch nutzen, um Verantwortungen abzugeben und für sich selbst möglichst die beste Position zu etablieren. Wie bei so vielen Dilemmata liegt die Antwort auf diese Entscheidungsfrage im Ungewissen und kann vom Führenden nur durch viel Erfahrung und vorangegangene falsche Entscheidungen zielführend begegnet werden.

Abschließend zeigt sich, dass die Unterscheidung von personalen und strukturellen Führungsstilen immer auch eine Entscheidung zwischen Menschen- und Aufgaben- oder Leistungsorientierung mit sich bringt. Welchen Weg beschritten wird, regelt sich meist über unbewusste Persönlichkeits- und Charaktereigenschaften des Entscheiders und den dadurch gewählten Führungsstil. Dennoch ist es – gerade für neue und unerfahrene Führungskräfte – ein enormer Gewinn achtsam mit diesen Entscheidungen umzugehen und sich so mit seiner eigenen Rolle im Unternehmen zu konfrontieren.[30]

---

[28] Vgl. Lippe (2015), S. 171-190
[29] u.a. Rybnikova/Lang (2021), S. 151-174
[30] Vgl. Lippe (2015), S. 12-13

3. Aufgabe 3: Transformationaler und transaktionaler Führungsstil

Zahlreiche Studien belegen bereits, dass die Motivation der Mitarbeiter nicht nur die allgemeine Arbeitszufriedenheit steigert, sondern sich auch außerordentlich auf die Effizienz und somit die erzielte Wertschöpfung auswirkt.[31] Innerbetriebliche Motivation ist also weniger nur ein gesundheitliches oder rein psychologisches Thema, sondern ausschlaggebend für den Erfolg eines Unternehmens.

Gesundheitsbezogene und erfolgreiche Führung sollte sich demnach unbedingt zum Ziel setzen, die persönliche Motivation der Beschäftigten zu wecken, anzuregen und zu fördern. Einen Ansatz hierfür bietet die transformationale Führungsweise, welche im Folgenden von der eher simplifizierten transaktionalen Führung abgegrenzt werden soll.

Transaktionale Führung geschieht auf Basis eines Leistungsprinzips.[32] Der Führende legt Ziele und Erwartungen fest und gibt bestimmte Belohnung bei deren Erreichung vor. In gewisser Weise gibt es hier einen fairen Austauschprozess zwischen der Arbeitsleistung des Mitarbeiters in Form von Beiträgen zur Wertschöpfung und den Anreizen des Unternehmens.[33] Essentiell für den Erfolg dieses Führungsmodells ist das Bewusstsein beider Parteien über die Ressourcen und die Macht(-position) des jeweils anderen.[34] Gewünschtes Verhalten muss ebenso klar kommuniziert werden wie die erhofften Belohnungen bei Erreichung der vorgegebenen Meilensteine.

Ein transaktionaler Führer verhält sich relativ zurückhaltend und steuert gelegentlich in Ausnahmefällen, wenn eine falsche Richtung eingeschlagen wird oder größere Fehler passieren.[35] In der Führungslehre nennt sich diese Vorgehensweise Management by Exception, das heißt Steuerung durch Ausnahme oder eben Einfluss durch Zurückhaltung. Der Führende kontrolliert die Arbeit der Beschäftigten aktiv und ergreift in der Folge personale, wie auch strukturelle Maßnahmen.

Dieser Führungsstil hat den Vorteil der Transparenz und offenen Kommunikation. Mitarbeiter wissen, was sie zu tun haben und was von ihnen gefordert wird. Durch diese Vermittlung wird die Belegschaft außerdem gleichbehandelt und es herrscht Gerechtigkeit. Allerdings ist der Denkansatz nicht mehr ganz zeitgemäß und weist auch einige Defizite auf. Transaktionale Führung schöpft ihr volles Potenzial vor allem bei

---

[31] Vgl. Eller (2014), S. 40
[32] Vgl. Furnter/Baldegger (2016), S. 165-172
[33] Vgl. Weibler (2001), S. 333
[34] Vgl. Neuberger (2002), S. 196
[35] Vgl. Neuberger (2002), S. 197

Routinetätigkeiten aus, wenn der Führende in die Aufgabe möglichst wenig eingreifen muss und der Arbeitsfluss möglichst reibungslos laufen soll.

Gerade weil die Arbeit jedoch heutzutage immer mehr von Wandel, steigender Komplexität und höherer Informationsdichte beeinflusst wird[36], kommt Transaktionismus bei vielfältigeren Aufgaben an ihre Grenzen. Im Zentrum steht hier die extrinsische Motivation durch die gesetzten Anreize. Nicht nur ist diese Form der Motivation wesentlich schwächer, weil die Belohnung lediglich von außen kommt. Sie sorgt auch dafür, dass Mitarbeiter emotional abstumpfen können, weil sie sich immer mehr an äußere Belohnungen gewöhnen. Dies kann im Extremfall sogar dazu führen, dass gegebenenfalls vorhandene intrinsische Stimulation überlagert und ersetzt werden (der sogenannte Korrumpierungseffekt). Außerdem lässt dieser passive Führungsstil trotz aller Autonomie und Selbstverantwortung kaum Innovation oder Kreativität zu, sondern zielt alleine auf die Erfüllung der festgelegten Ziele ab.

Demgegenüber bietet die transformationale Führung die Möglichkeit, dieses Leistungsverhältnis um die persönliche Komponente zu erweitern.[37] Individuelle Bedürfnisse, Eigenschaften und Voraussetzungen des Mitarbeiters stehen hier erheblich mehr im Vordergrund und es entsteht eine wechselseitige Pflichtgemeinschaft mit gegenseitiger Unterstützung zur Erreichung eines gemeinsamen Ziels.[38] Transformationale Führung folgt im Wesentlichen vier Komponenten:[39]

- Idealized Influence (Idealisierter Einfluss): Die Führungskraft schafft Vertrauen, indem sie als charismatisches Vorbild vorangeht und die vom Unternehmen gewünschten Werte vorlebt. Dabei meint Charisma eine Art unsichtbarer emotionaler Bindung und Identifikation der Beschäftigten mit dem Vorgesetzten.[40] Transformationismus berücksichtigt auch Führungsethik und moralische Grundsätze und entfaltet so auch mehr die Persönlichkeit und Glaubensvorstellungen des Führers.[41] Einzige Voraussetzung ist die Glaubwürdigkeit und Akzeptanz durch die Geführten. Ist diese gegeben kann ein tiefes Vertrauen geschaffen werden, welches die Grundlage unternehmerischen Erfolges bildet.

- Inspirational Motivation (Inspirierende Motivation): Der Führende schafft durch attraktive Vision und Leitbilder Zuversicht und gibt den Mitarbeitern einen Grund

---

[36] Vgl. Novotny/Sprenger (2016), S. 4-20
[37] Vgl. Kauffeld (2011), S. 74-75; Heyna/Fittkau (2021), S. 9
[38] Vgl. Weibler (2001), S. 333
[39] Vgl. Becker (2002), S. 552; Rybnikova/Lang (2021), S. 33-36; Furnter/Baldegger (2016), S. 144-164
[40] Vgl. Rybnikova/Lang (2021), S. 26-32
[41] Vgl. Rybnikova/Lang (2021), S. 307-346

zu Arbeiten. Dies fördert die individuelle, intrinsische Motivation von innen heraus.

- Intellectual Stimulation (Intellektuelle Stimulation): Beschäftigte werden in ihrer Kreativität und ihrem unabhängigen Denken und Handeln gefördert und geistig angeregt.

- Individual Consideration (Individuelle Berücksichtigung): Durch eine individuelle Betrachtung und Fürsorge geht der Vorgesetzte menschlich und speziell mit den Geführten um.

Der große Vorteil transformationaler Führung verbirgt sich in der intrinsischen Motivation jedes Einzelnen. Psychologische Beweggründe werden gefunden und erzeugen, dass Arbeitnehmer gerne ihre Leistung erbringen, nicht primär, weil sie dafür be- oder entlohnt werden. Diese Form der Sinnstiftung und Bedeutung der Arbeit entspricht der modernen Gesellschafts- und Berufsvorstellung und ist somit zukunftsfähig.

Dennoch ist dieser Führungsstil sehr komplex und eignet sich nicht für jede Tätigkeit. Routineaufgaben, die möglichst schnell und einfach erledigt werden müssen, werden durch diesen Stil überladen. Darüber hinaus ist transformationale Führung anspruchsvoll und muss von vielen Führungskräften erst erlernt werden. Charisma, das Erwecken von Inspiration, Empathie, Menschenkenntnis und viele weitere Fähigkeiten müssen langfristig geschult und ausgebildet werden. Dieser Prozess macht es absolut notwendig, dass der Führende sich intensiv mit sich selbst, seinen eigenen Werten und Vorstellungen sowie seiner Position und emotionalen Stellung im Unternehmen auseinandersetzt. Der Führungserfolg hängt hier maßgeblich vom Durchführenden und weniger vom implementierten System oder den Mitarbeitern als wirtschaftliche Ressource ab, wie es bei der transaktionalen Führung der Fall ist.[42]

Fundiert eingesetzt kann transformationale Führung nicht nur den zahlenmäßigen Unternehmenserfolg steigern, sondern auch einen enormen Gewinn für die interne Gesundheit und Zufriedenheit generieren. Die Zufriedenheit steigt, weil innere Motivation gefördert und individuelle Persönlichkeiten herausgebildet werden. Menschen werden als solche anerkannt und gewürdigt, erleben Wertschätzung für das was sie tun, eröffnen eigene Handlungsspielräume und verwirklichen sich selbst. Dadurch sinkt auch der psychologische Druck, den ein Leistungsverhältnis zwangsläufig mit sich bringt.[43]

Veranschaulichen lässt sich dies an einem Beispiel. Mitarbeiter X arbeitet jeden Tag von 8 bis 16 Uhr in der Produktion der Firma Z und hat die Vorgabe, 80 Teile zu produzieren.

---

[42] Vgl. Heyna/Fittkau (2021), S. 5-9
[43] Vgl. Eller (2014), S. 48-54

Toleriert wird eine Abweichung von 10 Teilen. Schafft er jedoch mehr, wird er hierfür belohnt. Herr X ist jeden Tag unter Druck, weil er seine Stückzahl erreichen muss. Er weiß, dass diese Tätigkeit austauschbar ist und dass wenn er seine Leistung über einen längeren Zeitraum nicht bringt, er vermutlich ersetzt wird.

Nach einigen Fortbildungen kommt der Mitarbeiter in die Stellung, selbst eine Abteilung zu führen. Er hat sich dazu entschieden, transformational zu führen, um den Beschäftigten etwas Gutes zu tun. Daher gibt er den Arbeitern eine Vision, die dem Ziel des Konzerns entspricht und schafft Vertrauen sowie eine emotionale Bindung zu ihm und zur Organisation. Es gibt keine Belohnungen mehr, aber die Mitarbeiter werden gehört, können am Wertschöpfungsprozess teilnehmen und eigene Verbesserungsvorschläge planen und umsetzen. Nach einiger Zeit bemerkt Herr X, dass sich ein besseres Betriebsklima gebildet hat, Menschen sich vernetzen und gemeinsam an Problemen arbeiten. Die Beschäftigten haben Spaß an dem was sie tun und er gibt ihnen die nötige Anerkennung dafür.

Dieser Sachverhalt zeigt, dass transformationale Führung einen großen Einfluss auf die Gesundheit der Mitarbeiter haben kann. Solange die Leistungen in gleicher Weise erbracht werden und die Qualität und dieser neuen Arbeitsform mittel- oder längerfristig nicht darunter leidet, gewinnen die Arbeitnehmer dadurch an Lebensqualität und Fluktuation oder Krankheitszeiten können effektiv gesenkt werden.

Literaturverzeichnis

Becker, F. G. (2002). Lexikon des Personalmanagements - Über 1000 Begriffe zu Instrumenten, Methoden und rechtlichen Grundlagen betrieblicher Personalarbeit (2. Auflage). München: Beck-Verlag.

Burns, J. M. (1978). Leadership (1. Auflage). Harper Perennial Modern Classics.

Eller (2014). Arbeitszufriedenheit, Motivation und Leistung. Paderborn.

Felfe, J. (2006). Transformationale und charismatische Führung - Stand der Forschung und aktuelle Entwicklungen. In: Zeitschrift für Psychologie, Jahrgang 5, Heft 4. Halle.

Furtner, M. & Baldegger, U. (2016). Self-Leadership und Führung - Theorie, Modelle und praktische Umsetzung (2. Auflage). Innsbruck/Vaduz: Springer Fachmedien.

Gurt, J. (2013). Interaktive und strukturelle Führung. Bochum.

Heyna, P. & Fittkau, K. (2021). Transformationale Führung kompakt – Genese, Theorie, Empirie, Kritik. Raunheim/Panketal: Springer Fachmedien.

Höhn, A., Pinnow, D. & Rosenberger, B. (*Hrsg*.). (2017). Letzte Ausfahrt Führung? - Entwicklung und Wertschätzung als neues Paradigma (2. Auflage). Ravensburg/Wiesbaden: Springer Fachmedien.

Kauffeld, S. (2011). Arbeits-, Organisations- und Personalpsychologie. Heidelberg: Springer-Verlag.

Lippe, G. (2015). Führung als Herausforderung – Ein Erfahrungs- und Impulsgeber für Führungssituationen in Unternehmen. Heidelberg: Springer-Verlag.

Neuberger, O. (2002). Führen und führen lassen - Ansätze, Ergebnisse und Kritik der Führungsforschung (6. Auflage). Stuttgart: Lucius & Lucius.

Novotny, T. & Sprenger, B. (2016). Der Weg aus dem Leadership-Dilemma – Team-Exzellenz an der Spitze!. Berlin/Offenbach: Springer-Verlag.

Rybnikova, I. & Lang, R. (2021). Aktuelle Führungstheorien und –konzepte (2. Auflage). Hamm/Chemnitz: Springer Gabler.

Weibler, J. (2001). Personalführung (3. Auflage). München: Franz-Vahlen-Verlag.

BEI GRIN MACHT SICH IHR WISSEN BEZAHLT

- Wir veröffentlichen Ihre Hausarbeit,
  Bachelor- und Masterarbeit

- Ihr eigenes eBook und Buch -
  weltweit in allen wichtigen Shops

- Verdienen Sie an jedem Verkauf

Jetzt bei www.GRIN.com hochladen
und kostenlos publizieren